Davide Bonmassar

Leonardo Sciascia: "Il giorno della civetta" - Una analisi

Davide Bonmassar

Leonardo Sciascia: "Il giorno della civetta" - Una analisi

GRIN Verlag

Bibliografische Information der Deutschen Nationalbibliothek: Die Deutsche Bibliothek
verzeichnet diese Publikation in der Deutschen Nationalbibliografie; detaillierte bibliografische Daten sind im Internet über http://dnb.d-nb.de/ abrufbar.

1. Auflage 2002
Copyright © 2002 GRIN Verlag
http://www.grin.com/
Druck und Bindung: Books on Demand GmbH, Norderstedt Germany
ISBN 978-3-640-86534-5

15. August 2002
Der italienische Roman des 20. Jahrhunderts
SS 2002
Davide Bonmassar

LEONARDO SCIASCIA

IL GIORNO DELLA CIVETTA

SOMMARIO

Sull' autore

"Un critico letterario dei nostri giorni ha dichiarato che non riesce a capire come si possa legare ad un luogo una vita, e l'opera di tutta una vita; da parte nostra non riusciamo a capire come si possa fare critica senza aver capito questo inalienabile ed inesauribile rapporto, in tutte le sue infinite possibilità di moltiplicarsi e rifrangersi, di essere rimosso e nascosto. Nessuno è mai riuscito a rompere del tutto questo rapporto, a sradicarsi completamente da questa condizione; e i siciliani meno di altri" [1]. Voglio citare queste parole di Sciascia stesso per ribadire la necessità di collegare l'opera di un autore con la sua biografia. Analizzando Sciascia ed in particolare *Il giorno della civetta* risulta indispensabile fare riferimento ad alcuni elementi biografici dell'autore per comprendere appieno il contesto "siciliano" dell'opera. Con ciò non intendo stendere qui una biografia completa dell'autore, ma semplicemente porre l'attenzione su alcuni avvenimenti collocati tra il 1921 (data di nascita) ed il 1961 (data di pubblicazione de *Il giorno della civetta*), che hanno un loro riflesso nel romanzo e che ne vengono a costituire il contesto.

Uno degli elementi che più spesso emergono dall'opera di Sciascia è il contatto con il mondo delle zolfare, le minire di zolfo in Sicilia. I suoi antenati vi avevano lavorato fin dall'inizio del secolo ed il padre vi lavorava ancora quando Sciascia era un bambino. Quello della zolfara era un ambiente molto difficile: l'arretratezza delle tecniche estrattive porta ad un grande sfruttamento degli operai, spesso donne e bambini, che sono costretti a vivere in condizioni terribili. Il mondo delle zolfare era tipico della Sicilia e costituisce anche un tema ricorrente nella letteratura siciliana (Pirandello, Verga…); Sciascia, da buon letterato siciliano, non si sottrae alla tradizione facendo più volte riferimento a questa problematica. Anche ne *Il giorno della civetta* compare questo tema; mi riferisco ad un passo particolare, cioè al dialogo, a Roma, tra un politico ed il proprietario di una zolfara[2]; in questo caso hanno entrambi collegamenti con la Mafia.

Un altro fattore molto importante che fa da contesto al romanzo è il mondo contadino siciliano; anche questo ha origine nella sua biografia: nel 1941 Sciascia lavora all'ammasso del grano a Racamulco e ciò gli permette di venire in contatto con i ceti contadini più bassi, i loro modi di vivere e le loro problematiche.

Gli anni del fascismo risultano in particolar modo determinanti per la sua formazione intellettuale e, cosa che più ci interessa, per il percorso formativo de *Il giorno della civetta*. Rispetto al resto d'Italia il fenomeno fascista presenta una caratteristica in più in Sicilia: lo stato fascista mette in atto una repressione contro la Mafia che si rivelerà del tutto inefficace ed anzi contribuirà a rafforzarla ancora di più. Sotto il fascismo la "questione siciliana" (ed il problema della Mafia in essa

---

[1] L. Sciascia, *Cruciverba*, Torino, Einaudi, 1983, pag. 24
[2] L. Sciascia, Il giorno della civetta, Milano, Adelphi, 1993, pag. 24-26

compreso) fu identificata con una semplice questione di ordine pubblico. Vennero mandati in Sicilia commissari e prefetti con poteri speciali a con l'incarico di risolvere il problema con la forza. Il caso più eclatante fu quello del prefetto di Palermo, Cesare Mori, che nel 1925 venne dotato di "mezzi speciali" contro la Mafia e attuò una politica oppressiva in tutta la Sicilia tentando di colpire quella che veniva considerata la radice della Mafia senza però ricercare le connessioni tra questa ed il poter politico. Questa soluzione superficiale ebbe come unico risultato l'applicazione di leggi molto severe ed una dura repressione per tutta la popolazione, con episodi di grande crudeltà e sopruso da parte delle forze dell'ordine, ma non intaccò minimamente il sistema mafioso. Quello che non era stato capito dal governo fascista, come dai governi precedenti e da numerosi governi successivi, era il grado di penetrazione della Mafia all'interno della società siciliana e delle stesse istituzioni...non bastava punire rigidamente, ma era necessario lavorare per ricostruire il sistema stesso e proporre una cultura della legalità che potesse far presa sui siciliani. Sciascia fu fin dall'inizio un convinto antifascista ed il suo antifascismo è costituito tra l'altro anche dal rifiuto di questo metodo nella lotta alla Mafia. Questi elementi e questi avvenimenti hanno un ruolo centrale ne *Il giorno della civetta*; la posizione critica di Sciascia nei confronti dei tentativi precedenti di combattere la Mafia è espressa dall'atteggiamento del capitano Bellodi, il protagonista del romanzo, che, in più occasioni, condanna l'operato di Mori e dei suoi predecessori e che vive con amarezza l'atteggiamento ostile che i suoi metodi hanno creato tra la popolazione siciliana nei confronti dello Stato e dei suoi rappresentanti.

Tra il 1941 ed il 1948 Sciascia lavora come maestro nel suo paese natale, Racamulco; questa esperienza, descritta dettagliatamente in un capitolo de *Le parrocchie di Regalpetra*[3], lo porta a capire più profondamente il rapporto tra la Sicilia e la nuova repubblica e gli consente di individuare le basi di quell'ostilità che i siciliani mostrano nei confronti dell'autorità . Sono proprio questa ostilità, l'omertà ed il rifiuto a collaborare con le forze dell'ordine che caratterizzano i personaggi popolari ne *Il giorno della civetta*: durante gli interrogatori, il capitano Bellodi riesce ad ottenere informazioni solo nel momento in cui i suoi marescialli intervengono come presenza minacciosa. Grazie all'esperienza diretta, Sciascia comprende a fondo che per il siciliano, ed in particolare per il più povero, per il contadino o lo zolfataro, la nuova repubblica significa soprattutto imposizioni esterne come gli obblighi all'istruzione e alla leva militare. Essi non hanno tratto nessun beneficio diretto dal cambiamento politico e mostrano la stessa ostilità verso le istituzioni e verso l'autorità che avevano mostrato sotto i governi precedenti. Nelle famiglie più povere l'obbligo all'istruzione toglie braccia al lavoro nei campi e fa venire a cadere un'importante fonte di reddito; per questo, anche la figura del maestro, come quella del carabiniere o dell'impiegato comunale,

---

[3] L. Sciascia, *Le parrocchie di Regalpetra*, Bari, Laterza, 1956

viene malvista in quanto esponente di un'autorità che pone degli oneri, ma non offre nulla in cambio. Negli anni di insegnamento Sciascia comprende come tutto ciò venga a creare in Sicilia un clima di non-legalità e di avversione verso la legge che favorisce la Mafia e che, anzi, ne costituisce la condizione essenziale e la base di sviluppo. Non è quindi con la semplice repressione che va combattuta la Mafia, ma anche con delle riforme che consentano di migliorare le condizioni di vita della popolazione; per avere veramente efficacia bisognerebbe proporre un modello positivo di "cultura della legalità "che sia in grado do togliere alla Mafia quella capacità di presa sulla gente grazie alla quale si è sviluppata.

L'esperienza della scuola influenzerà anche il linguaggio delle sue opere in quanto lo porterà alla determinazione di voler scrivere avendo come destinatario principale dei suoi libra la gente comune, usando una lingua che sia quanto più possibile semplice e scarna, rinunciando ad ogni complessità e sovrastruttura. Egli prediligerà   inoltre un genere, quello del romanzo giallo, considerato genericamente popolare.

L'insegnamento lo lascerà profondamente insoddisfatto e nel 1956 abbandonerà la professione per dedicarsi completamente alla letteratura.

Vi sarebbero molti altri dati sulla vita di Sciascia che potrebbero essere citati, ma io non ho voluto stendere qui una biografia quanto tentare di spiegare come l'ambiente che fa da sfondo a *Il giorno della civetta* nasca proprio dalle origini e dagli elementi biografici dell'autore. E' infatti essenziale sottolineare l'importanza della "sicilianità" delle opere di Sciascia; questa "sicilianità" deriva da un lato dal riferimento alla tradizione a lui precedente (agli autori siciliani ed in particolare a Pirandello, l'autore da lui più amato a cui ha anche dedicato una delle sue ultime opere[4]), dall'altro dalle esperienze personali che ho citato.

Detto ciò, risulta anche più facile capire come egli si sia avvicinato ad un tema, quello della Mafia, che nel 1961 risultava nuovo per la letteratura. Questo tema fa da sfondo anche ad altre opere successive delle quali vorrei citare almeno tre dato il loro stretto rapporto con il romanzo che sto analizzando; sono tutte e tre ricollegabili a quel genere, il romanzo giallo con riferimento al problema mafioso, che lo hanno reso famoso e che ne è diventato una caratteristica: il primo è *A ciascuno il suo*[5], pubblicato nel 1966, lo segue dopo cinque anni *Il contesto*[6], nel 1971, ed infine viene *Todo modo*[7], del 1974.

La Mafia, presente in Sicilia da moltissimo tempo, faceva ormai parte della cultura e dei costumi della regione e viene a essere un tema quasi obbligato per uno scrittore che, come lui, si ispira

---

[4] L. Sciascia, *Alfabeto pirandeliano*, Milano, Adelphi, 1989
[5] L. Sciascia, *A ciascuno il suo*, Torino, Einaudi, 1966
[6] L. Sciascia, *Il contesto*, Torino, Einaudi, 1971
[7] L. Sciascia, *Todo modo*, Torino, Einaudi, 1974

all'illuminismo ed il cui fine letterario principale è quello di affrontare con spirito critico i problemi della sua terra.

Sul romanzo

Il giorno della civetta viene pubblicato per la prima volta da Einaudi nel 1961 ed è, se non il migliore, quantomeno il libro di Sciascia che ha riscosso maggiore successo di pubblico sia in Italia che all'estero, tanto da essere venduto in poco tempo in un milione di copie ed essere tradotto in numerose lingue. Il romanzo ha anche dato origine ad una commedia ed ad un film diretto nel 1969 da Damiano Damiani.

Una delle ragioni di questo straordinario successo è sicuramente il tema innovativo che viene trattato: la Mafia ed i suoi contatti con diversi settori della politica e dell'economia italiana. Oggi, oltre quarant'anni dopo, non lo si può certo definire un tema nuovo vista la grande quantità di testi, letterari e non, che gli sono stati dedicati e la ricorrenza di questa parola nelle notizie di cronaca, ma nel 1961 la situazione era tutt'altra. A questo proposito vorrei citare le parole stesse dell'autore in un pubblico dibattito tenuto a Palermo nel 1965: "Indubbiamente la Mafia è un problema nostro. Io ne ho fatto una esemplificazione narrativa: fino a quel momento esistevano sulla Mafia degli studi, studi molto interessanti, classici addirittura: esisteva una commedia di un autore siciliano che era un'apologia della Mafia[8] e nessuno che avesse messo l'accento su questo problema in un'opera narrativa di largo consumo. Io l'ho fatto". Queste parole ci dicono molto sulla situazione del tempo: fino ad allora la Mafia era stato un tema tabù sia per gli autori che per i politici; come fenomeno non veniva preso in considerazione dal mondo politico e veniva considerato quasi un dato di fatto, un elemento entrato a far parte della cultura siciliana, o addirittura un pregiudizio dei continentali nei confronti dei siciliani (come viene definito più volte da alcuni personaggi in *Il giorno della civetta*). Sarà solo nel 1963 che verrà istituita una speciale commissione parlamentare di inchiesta sul fenomeno della Mafia in Sicilia.

Grazie a questo libro ed all'ampio dibattito che ne è seguito, Sciascia compie un atto rivoluzionario riuscendo a portare il tema Mafia nel mondo della letteratura oltre che sotto i riflettori della stampa.

La sua è la prima presa di posizione critica di un autore nei confronti di questo fenomeno; la Mafia viene descritta come una potente organizzazione che non solo controlla alcuni settori dell'economia (per esempio, il mondo dell'imprenditoria edilizia), ma che si è addirittura insediata all'interno delle istituzioni e lavora in stretti rapporti con il mondo politico romano. La sua influenza va al di là dei confini siciliani e si estende a tutta l'Italia diventando perfino un problema internazionale.

---

[8] Viene fatto riferimento alla commedia del diciottesimo secolo *I mafiosi di La Vicaria,* scritta in dialetto siciliano da Giuseppe Rizzotto e Gaspare Mosca

Sciascia, pur rifiutando la definizione di "mafiologo" che gli era stata data, si dimostra un esperto conoscitore di questo fenomeno ed in quest'opera descrive la Mafia in un momento evolutivo molto particolare: il passaggio da una Mafia di tipo agrario ad una struttura più organizzata. Rispetto alla "vecchia Mafia" che aveva le sue strutture nel mondo contadino siciliano ed orientava qui i suoi affari, questa nuova struttura si andava ampliando a livello nazionale e si rafforzava. Grazie ai suoi contatti con il mondo politico che la copriva, questa stava superando la sua struttura locale ed allargando i propri interessi a diversi settori dell'economia italiana (industriale, edile...), aumentando così il proprio grado di penetrazione nella società.. Sciascia ha il coraggio di portare alla luce questo sviluppo e di accusare le istituzioni di favorirlo e proprio questo è il tema centrale de *Il giorno della civetta*.

Un romanzo giallo che non è un giallo

Per quanto riguarda il genere letterario, *Il giorno della civetta* appartiene, come le sue altre opere più famose, al filone del romanzo giallo, ma è un romanzo giallo fuori dal comune. Normalmente la caratteristica di questo tipo di romanzo è quella di avere all'inizio un delitto e poi il grosso della vicenda è costituito dalla ricerca dell'assassino, la cui identità viene rivelata solo nel finale; è proprio questa struttura che crea quella suspance tipica del giallo. Sono tradizionali tutti gli altri romanzi gialli di Sciascia, come per esempio *A ciascuno il suo*, dove è solo nelle ultime pagine che viene scovato il responsabile dei due delitti, ma *Il giorno della civetta* si differenzia da questi. Anche qui abbiamo un delitto iniziale, quello di Giuseppe Colasberna, che però viene risolto dal capitano Bellodi poche pagine dopo. Il resto del romanzo consiste nella raccolta delle prove che servono a dimostrare la tesi iniziale del capitano, cioè che si tratta di un delitto mafioso. In seguito, quando tutto sembra sistemato, assistiamo invece all'intervento dei politici di Roma che , fornendo agli imputati un falso alibi, rendono nullo il lavoro del capitano e danno la libertà ai colpevoli.

Il romanzo giallo è un genere considerato genericamente popolare ed in questa scelta Sciascia ci mostra la sua intenzione di scrivere avendo come destinatario la gente comune e non un ristretto gruppo di letterati. Questa scelta è confermata anche dal tipo di linguaggio che egli usa: un linguaggio molto semplice e lineare, senza strutture complicate e fruibile quindi da un pubblico molto ampio. Per rimanere in tema, vorrei sottolineare che la lingua usata è interamente l'italiano; l'uso del dialetto siciliano all'interno del romanzo è limitato a qualche parola; nonostante ciò il linguaggio si basa sulla costruzione grammatica del dialetto. Ciò consente a Sciascia di creare una lingua nuova, con la struttura del dialetto, ma il vocabolario dell'italiano che ha un effetto di gergo popolare; l'autore si avvicina così alla sensibilità della gente comune a cui è rivolto il romanzo.

La vicenda

La vicenda si apre con un delitto in un paesino della provincia di Palermo; l'imprenditore Giuseppe Colasberna viene assassinato con un colpo di fucile nella piazza del paese. Il comandante Bellodi, incaricato delle indagini, si scontra con la riluttanza a collaborare della gente del posto, ma riesce ugualmente a collegare il delitto agli interessi che si nascondono intono al mondo dell'imprenditoria edile; il suo sospetto è confermato anche da una lettera anonima nella quale si parla del rifiuto di Colasberna di porsi sotto la protezione di una famiglia malavitosa locale. Pochi giorni dopo viene denunciata anche la sparizione di un uomo, Paolo Nicolosi, che abita proprio nei pressi del luogo del delitto. Il comandante Bellodi collega i due fatti e, con l'aiuto della rivelazione della spia del paese, il così detto Parrinieddu, riesce a risalire all'esecutore ed ai mandanti: Diego Marchia, Saro Pizzucco e Mariano Arena (il mandante e potente boss locale), che vengono arrestati. Il capitano Bellodi riesce addirittura a farli confessare, ma i potenti amici di mariano Arena, alcuni politici, intervengono da Roma e riescono a far scagionare i tre grazie a falsi alibi e a far trasferire il capitano. Sciascia accusa apertamente il mondo politico di proteggere la struttura mafiosa e lo fa descrivendo i loschi affari di alcuni uomini politici che seguono le indagini da Roma e che si danno da fare per depistarle.

Alla fine il capitano Bellodi, in vacanza nella sua Parma, legge sui giornali della scarcerazione degli imputati e ne è sconsolato e deluso. Un suo amico commenta amaramente la vicenda con questa parole: "Forse tutta l'Italia va diventando Sicilia… A me è venuta una fantasia, leggendo sui giornali gli scandali del governo regionale: gli scienziati dicono che la linea della palma, cioè il clima che è propizio alla vegetazione della palma, viene su, verso nord, di cinquecento metri, mi pare, ogni anno… e sale come l'ago di mercurio di un termometro, questa linea della palma, del caffè forte, degli scandali: su su per l'Italia, ed è già oltre Roma…".

Nel finale rimane però un margine di speranza: il capitano Bellodi, pur deluso, demotivato e ferito nell'orgoglio, ribadisce il suo amore per la terra siciliana e si dichiara pronto a ritornarci, un giorno.

Luogo e tempo

L' autore non ci dà informazioni esatte sul tempo della vicenda; la storia comincia il giorno 16 gennaio, ma non viene detto di quale anno. La vicenda si sviluppa nel corso di alcuni anni, periodo necessario a completare le indagini, a far scagionare gli imputati e a far trasferire Bellodi. Dal contesto possiamo comunque capire che ci troviamo negli anni Cinquanta, subito dopo il così detto Dopoguerra, che arriva circa fino al 1953. In questi anni incomincia il lungo periodo della Democrazia Cristiana, partito che rimarrà praticamente sempre al governo fino alla fine degli anni Ottanta. E' Sciascia stesso a citare alcuni nomi di uomini politici del tempo: il ministro Mancuso,

Nenni, Fanfani (riconducibili al partito della Democrazia Cristiana) e Togliatti (appartenente al Partito Comunista all'opposizione).

Più interessante è la questione riguardante l'ambiente in cui si svolge la vicenda; il romanzo è costituito da brevi scene che si ambientano alternativamente tra la Sicilia e Roma. La vicenda viene dunque a svilupparsi parallelamente tra la Sicilia, dove si svolge l'azione e dove operano i personaggi principali, e Roma, dove stanno gli uomini politici che in un primo tempo si limitano a commentare gli avvenimenti, ma poi intervengono per coprire i colpevoli. Questa sorta di montaggio parallelo è di derivazione cinematografica e costituisce una caratteristica di questo romanzo.

Un altro elemento che appare immediatamente al lettore è il fatto che Sciascia, quasi per e evitare un riferimento troppo diretto alla realtà, non cita i nomi dei paesi siciliani, ma si limiti a nominarli con le loro iniziali S. (dove si svolge la maggior parte della vicenda) e B.. Entrambi sono due paesini tipici dell'entroterra siciliano, in provincia di Palermo, luoghi in cui l'autore ha trascorso la sua intera esistenza e che sono, per tradizione, le sedi di origine della Mafia.

Personaggi principali

Il capitano Bellodi è il protagonista indiscusso del romanzo che si basa, in parte, sulla contrapposizione tra questi ed il suo antagonista, il boss mafioso Mariano Arena.

Il capitano non è siciliano ma proviene da Parma, città in cui lo troviamo di nuovo alla conclusione del romanzo; questi ama profondamente la terra siciliana, è incuriosito da essa e si sforza di comprenderne gli usi e le tradizioni. Bellodi non parla il dialetto siciliano: nel corso della vicenda, sono i suoi subordinati a fare da intermediari tra lui e la popolazione e a spiegargli alcune usanze che lui non conosce (come per esempio, quella delle "ingiurie", soprannomi che rappresentano con una parola una caratteristica di una persona). Egli è carabiniere per vocazione. L'autore ci fa capire che il capitano proviene da una famiglia benestante e, se avesse voluto, avrebbe potuto fare ben altra carriera, ma lui ha preferito divenire un rappresentante della legge. Rispetto ai suoi predecessori, ed in particolare a quelli del periodo fascista, egli cerca di non sfruttare mai la propria autorità; la legge, per lui, non va fatta rispettare incutendo timore e paura nella popolazione, ma tentando di venirle incontro . Per questi motivi, in più episodi, egli è molto deluso quando vede che non sono mai le sue maniere gentili, ma la presenza minacciosa dei suoi marescialli a portare qualche effetto durante gli interrogatori. Una sua caratteristica è quella di portare sempre rispetto nei confronti delle persone, anche dei criminali, con cui viene a contatto. Sarà addirittura il suo rivale, Mariano Arena, a lodarlo durante un interrogatorio con queste parole: "…lei è un uomo…perché da questo posto dove lei si trova è facile mettere il piede sulla faccia di un uomo: e

lei invece ha rispetto… da persone che stavano dove sta lei…molti anni addietro io ha avuto offesa peggiore della morte…"[9].

Sciascia utilizza il personaggio del capitano per esprimere, nel romanzo, le sue idee riguardo alla Mafia ed è significativo che lo faccia proprio attraverso una figura estranea alla Sicilia, un continentale, la cui provenienza gli consente una maggiore obbiettività.

I mafiosi: Diego Marchia , Saro Pizzucco e Mariano Arena sono i tre personaggi che rappresentano la struttura gerarchica della Mafia . I primi due sono elementi di poco conto, i così detti "picciotti", che si occupano delle piccole questioni e, nel nostro caso, sono gli esecutori dei due omicidi. Mariano Arena è, invece, il grande boss, l'"intoccabile" che sta dietro a tutto, ma che, nella pratica, non è imputabile di niente.

Lui risulta essere il vero mandante degli omicidi, ma, grazie alle sue amicizie influenti all'interno del mondo politico, riesce a rimanere impunito come gli altri due complici.

Mariano Arena, anche quando viene arrestato, rimane sempre sicuro di sè, e, nel confronto col capitano Bellodi, sa già che sarà lui il vincitore e che verrà rimesso in libertà nel giro di poche ore.

L'informatore Parrinieddu: è proprio grazie alle sue rivelazioni che può essere provata la relazione tra Mariano Arena ed i due omicidi. Poco dopo aver dato il nome dell'Arena al capitano, Parrinieddu viene ucciso. Che lui fosse un informatore lo sapeva da tempo tutto il paese, ma, mentre prima si limitava a dare i nomi di qualche pezzo poco importante e veniva perciò tollerato dalla malavita locale, questa volta ha chiamato in causa un personaggio troppo grosso e viene perciò punito. La sua figura è caratterizzata dalla paura, una paura che lo ossessiona e che non lo abbandona un attimo; è lui stesso che si convince che verrà ucciso prima o poi a causa della sua attività, ma allo stesso tempo ha paura anche dei Carabinieri e continua a fare l'informatore.

I politici a Roma: sono volti senza nomi; di loro non sappiamo molto se non che sono politici di origine siciliana che hanno fatto carriera ed ora ricoprono posizioni importanti a Roma. Essi lavorano in stretta collaborazione con la Mafia e, nel racconto, intervengono nel momento in cui vedono i propri interessi minacciati dalle indagini del capitano Bellodi; essi, grazie alla loro grande influenza, riescono a procurare alibi improbabili ai tre imputati ed a farli così scagionare. Anche se Sciascia non lo dice apertamente, egli ci fa capire che queste figure sono inquadrabili nelle file del partito di governo, la Democrazia Cristiana, e che sono vicini al ministro Mancuso.

---

[9] L.Sciascia, Il giorno della civetta, Milano, Adelphi, 1993, pag. 110

Da: Leonardo Sciascia, *Il giorno della civetta*, Milano, Adelphi, 200

Qui sotto seguono una serie di brani che io ho giudicato particolarmente rappresentativi delle tematiche del romanzo, dei suoi personaggi e dello stile dell'autore. Il soggetto principale non poteva essere altro che la Mafia, trattato da Sciascia in modo molto critico e rigoroso, ma, come vedremo, l'autore talvolta si sofferma anche su alcuni aspetti che, per nonostante la loro gravità, finiscono per essere anche comici.

"… A parte il vostro caso ho molte informazioni sicure sulla faccenda degli appalti: soltanto informazioni, purtroppo, che se avessi delle prove… Ammettiamo che in questa zona, in questa provincia, operino dieci ditte appaltatrici: ogni ditta ha le sue macchine, i suoi materiali: cose che di notte restano lungo le strade… ci vuole poco a farli sparire o a bruciarli sul posto… ma gli operai, per l'appunto, dormono; e c'è gente invece, voi mi capite, che non dorme mai. Non è naturale rivolgersi a questa gente che non dorme per avere protezione? Tanto più che la protezione vi è stata subito offerta; e se avete commesso l'imprudenza di rifiutarla, qualche fatto è accaduto che vi ha persuaso ad accettarla… Si capisce che ci sono testardi: quelli che dicono no, che non la vogliono, e nemmeno con il coltello alla gola si rassegnerebbero ad accettarla. Voi, a quanto pare, siete testardi: o soltanto Salvatore lo era…" (pag. 19)

In queste poche righe è riassunto il nocciolo del romanzo; ci troviamo a pagina 19 ed il capitano Bellodi ha già elementi sufficienti per elaborare la sua teoria: l'omicidio è di stampo mafioso ed è legato alla questione degli appalti nel mondo dell'imprenditoria edile. Pur non costituendo un'analisi completa, questa tesi porta alla soluzione del caso; il capitano, alla fine, vedrà vanificato tutto il suo lavoro e cadere questa sua ipotesi: nonostante sia confermata dagli imputati stessi, la sua ipotesi rimarrà senza prove a causa dell'intervento del mondo politico, che vede minacciati i propri interessi.

"… ci siamo: è da un pezzo che debbo parlarvi di questo Bellodi. Questo qui, caro amico, è uno che vede mafia da ogni parte: uno di quei settentrionali con la testa piena di pregiudizi, che appena scendono dalla nave-traghetto cominciano a vedere mafia dovunque… E se lui dice che Colasberna è stato ammazzato dalla mafia, stiamo freschi… Io non so se voi avete letto quello che ha dichiarato a un giornalista qualche settimana fa, a proposito del sequestro di quell'agricoltore… come si chiamava?"

"Mendolia"

"Mendolia…Ha detto cose da far rizzare i capelli: che la mafia esiste, che e´ una potente organizzazione che controlla tutto: pecore, ortaggi, lavori pubblici e vasi greci…. Voi ci credete alla mafia?"

…"Non ci credo".

"Bravissimo. Noi due siciliani, alla mafia non ci crediamo: questo, a voi che a quanto pare ci credete, dovrebbe dire qualcosa. Ma vi capisco: non siete siciliano, e i pregiudizi sono duri a morire. Col tempo vi convincerete che e´ tutta una montatura. Ma intanto, per carità, seguite attentamente le indagini di questo Bellodi…" (pagina 34-35)

Questo è il dialogo, a Roma, tra un uomo politico ed un imprenditore siciliano. Abbiamo di fronte uno dei passi in cui Sciascia critica più apertamente il mondo politico del tempo. Non è difficile ricavare da queste parole una condanna da parte dell'autore, di tutti quei personaggi politici, che, sapendo di avere rapporti con la Mafia, ne negavano l'esistenza, definendola un semplice pregiudizio dei settentrionali nei confronti dei siciliani. Negli anni '60 il mondo politico era ancora restio a parlare di Mafia e questo problema non veniva trattato con la dovuta considerazione.

"… C´era anche, nel fascicolo un rapporto relativo a un comizio dell'onorevole Livigni: che circondato dal fiore della mafia locale… era apparso al balcone centrale di casa Alvarez; e ad un certo punto del suo discorso aveva testualmente detto: " Mi si accusa di tenere rapporti coi mafiosi, e quindi con la mafia: ma io vi dico che non sono finora riuscito a capire che cosa e´ la mafia, e se esiste; e posso in perfetta coscienza di cattolico e di cittadino giurarvi che in vita mia non ho mai conosciuto un mafioso". Al che dalla parte della piazza … dove di solito i comunisti si addensavano… venne chiarissima la domanda "E questi che stanno con lei che sono, seminaristi?" e una risata serpeggiò tra la folla…" (pagina 50-51)

Anche qui Sciascia lancia un'accusa al mondo politico attraverso questa immagine che risulta quasi comica per la sua esagerazione. Questo "onorevole" insiste nel voler celare l'esistenza della Mafia, pur avendo stretti rapporti con dei boss che, addirittura, appaiono di fianco a lui in un comizio.

Significativo anche il fatto che il dissenso provenga dal partito comunista del quale Sciascia sarà membro attivo fino alla metà degli anni '70, quando, dopo una serie di contrasti, se ne distaccherà.

"… un bosco di corna, l'umanità più fitto del bosco della Ficuzza quand'era bosco davvero. E sai che se la spassa a passeggiare sulle corna? Primo, tienilo bene a mente: i preti; secondo: i politici, e

tanto più dicono di essere col popolo, di volere il bene del popolo, tanto più tanto più gli calcano i piedi sulle corna; terzo: quelli come me e come te..." (pagina 55)

Queste sono le parole di un vecchio boss della Mafia in un dialogo con il suo successore. Da questo dialogo emerge il passaggio da una Mafia "tradizionale", con proprie usanze tipiche, ed una nuova Mafia, più organizzata e più spietata, che va allargando a dismisura il suo giro di affari.

Anche qui viene messo in evidenza ancora una volta il legame tra Mafia e politica che lavorano sullo stesso piano e "camminano entrambi sul fitto bosco di corna dell'umanità".

Il vecchio tenta in qualche modo di dare una giustificazione della Mafia stessa.

"... Il capitano sentì l'angustia in cui la legge lo costringeva a muoversi; come i suoi sottufficiali vagheggiò un eccezionale potere, una eccezionale libertà di azione: e sempre questo vagheggiamento aveva condannato nei suoi marescialli. Una eccezionale sospensione delle garanzie costituzionali, in Sicilia per qualche mese e il male sarebbe stato estirpato per sempre. Ma gli vennero alla memoria le repressioni di Mori, il fascismo: e ritrovò la misura delle proprie idee, dei propri sentimenti. Ma durava la collera, la sua collera di uomo del nord che investiva la Sicilia intera: questa regione che, sola in Italia, dalla dittatura fascista aveva avuto in effetti libertà , la libertà che è nella sicurezza della vita e dei beni. Quante altre libertà questa loro libertà era costata, i siciliani non sapevano e non volevano sapere: avevano visto sul banco degli imputati, nei grandi processi delle assise, tutti i *don* e gli *zii*, i potenti capi elettori e i commendatori della Corona, medici ed avvocati che si intrigavano alla malavita o la proteggevano... Per il contadino, per il piccolo proprietario, per il pastore, per lo zolfataro, la dittatura parlava questo linguaggio di libertà. "E questa è forse la ragione per cui in Sicilia" pensava il capitano " ci sono tanti fascisti...". (pagina 60).

Questo è uno dei passi che considero tra i più significativi del romanzo; anche qui, come in diversi altri casi, il capitano Bellodi è, attraverso il suo comportamento e le sue riflessioni, il portatore degli ideali e del pensiero dell'autore. Tra i diversi passi che si potrebbero portare ad esempio di ciò ho scelto di citare proprio questo perché in esso viene trattata una problematica che sta particolarmente a cuore a Sciascia: la condanna dell'operato fascista in Sicilia. Il capitano Bellodi, in un momento di rabbia e sconforto a causa del momentaneo insuccesso, invoca poteri più ampi di quelli che gli sono concessi; egli vorrebbe poter agire direttamente senza i vincoli a cui la legge lo obbliga a sottostare. Dopo questo primo momento di rabbia, egli si ferma a riflettere ed arriva a capire che proprio questo è l'errore che hanno commesso i governi precedenti ed in particolare quello fascista in Sicilia.

13

Mussolini ha considerato il problema siciliano come una semplice questione di ordine pubblico, da risolversi con la forza; per questo l'unica misura che ha adottato è stata quella di rafforzare la presenza poliziesca e mettere in atto una dura repressione nei confronti della popolazione. Il maggior fautore di questa politica fu il prefetto Mori, mandato in Sicilia con poteri speciali, ma dimostratosi incapace di risolvere alla base il problema mafioso: il risultato del suo operato è stato anzi quello di rafforzare ancora di più l'organizzazione della Mafia.

Sciascia è sempre stato un convinto oppositore di questa strategia e, per questa sua convinzione, ha avuto più volte contrasti con esponenti illustri dell'Antimafia, tra i quali i giudici Falcone e Borsellino ed il sindaco di Palermo Leoluca Orlando. In due episodi, per le critiche da lui rivolte alla strategia del governo, è stato addirittura accusato di lavorare per la Mafia: nel 1982, poco dopo l'omicidio del generale Dalla Chiesa, e nel 1987 in occasione della campagna antimafia di Orlando.

" Questo è il punto " pensò il capitano " su cui bisognerebbe far leva. E' inutile tentare di incastrare un uomo come costui: non ci saranno mai prove sufficienti, il silenzio degli onesti e dei disonesti lo proteggerà sempre. Ed è inutile, oltre che pericoloso, vagheggiare un sospensione dei diritti costituzionali. Un nuovo Mori diventerebbe subito strumento politico-elettoralistico; braccio non del regime, ma di una fazione del regime... qui bisognerebbe sorprendere la gente nel covo dell'inadempienza fiscale, come in America... bisognerebbe, di colpo, piombare sulle banche; mettere mani esperte nelle contabilità, generalmente a doppio fondo, delle grandi e delle piccole aziende..." (pag. 107-108)

In questo ultimo passo il capitano Bellodi ci propone quella che, secondo lui, risulta essere la miglior arma di lotta contro l'organizzazione mafiosa: il fisco. I mafiosi vanno incastrati per la loro inadempienza fiscale, che è più facile da provare rispetto ad altri reati e che punta sul controllo del patrimonio . A differenza di altri paesi, come gli Stati Uniti, dove si è arrivati a grandi risultati, in Italia questa tecnica non è mai stata adottata: troppo profonda è qui la penetrazione della Mafia nel sistema bancario e nelle istituzioni.

Nota bibliografica

Mi sono basato sui seguenti testi:

- Leonardo Sciascia, *Il giorno della civetta*, Milano, Adelphi, 2001
- Nicola Fano, *Come leggere il giorno della civetta*, Milano, Mursia, 1993
- Cinzia Crepaldi, *Il giorno della civetta di Leonardo Sciascia*, Milano, Antonio Vallardi, 2002

Articoli su *Il giorno della civetta:*

- D. Giuliana, in "La fiera letteraria", 28 maggio 1961
- V. De Martinis, in "Letture", luglio 1961
- W. Pedullà, in "Avanti", 31 ottobre 1961
- L.Orsini, in "Letterature moderne", ottobre-dicembre 1962

Indirizzi internet:

http://www.italialibri.net/opere/giornodellacivetta.html

http://www.carlolevi.rdn.it/invito_alla_lettura6.htm

15

CPSIA information can be obtained
at www.ICGtesting.com
Printed in the USA
405676LV00009B/131

* 9 7 8 3 6 4 0 8 6 5 3 4 5 *